AF586893

UN

CASUS BELLI FRANCO-HELVÉTIQUE

EN 1792 ET 1793

LA NEUTRALITÉ DE LA PRINCIPAUTÉ DE BALE

PAR

M. Gustave GAUTHEROT

LICENCIÉ EN HISTOIRE

(Extrait de la *Revue des questions historiques.* — Janvier 1905.)

PARIS

AUX BUREAUX DE LA REVUE

5, RUE SAINT-SIMON, 5

1905

UN

CASUS BELLI FRANCO-HELVÉTIQUE

EN 1792 ET 1793

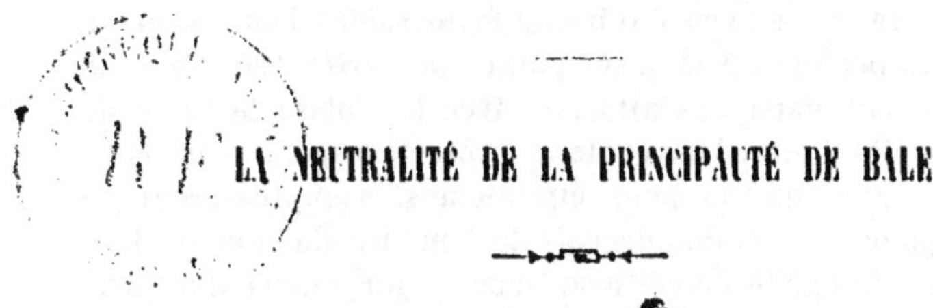

LA NEUTRALITÉ DE LA PRINCIPAUTÉ DE BALE

L'occupation de l'évêché de Bâle préluda aux conquêtes de la Révolution française. Cette principauté occupait à l'entrée de la trouée de Belfort, entre le Rhin, la plaine suisse, la Franche-Comté et l'Alsace, une situation stratégique trop importante pour que les troupes de la France ne se hâtassent d'y devancer celles de l'Autriche.

Deux excellentes raisons, en apparence contradictoires, semblèrent justifier du reste l'arrivée du général Ferrières à Delémont[1] (28 avril 1792). L'évêque était prince du Saint-Empire : la déclaration de guerre du 20 avril l'atteignait donc, et l'invasion de ses États était régulière ; que s'il arguait de son alliance avec les Bourbons, alliance renouvelée en 1780, il était aisé de lui répondre qu'elle permettait précisément à sa puissante voisine de garder en cas de guerre des défilés essentiels à sa sécurité ! Le prince Joseph de Roggenbach n'essaya même point de parlementer, et il avait déjà trouvé à Bienne un refuge, avec toute sa cour, lorsque le flot révolutionnaire eut gagné Porrentruy.

Cette marée montante aurait dû, dès l'abord, s'avancer jusqu'au lac de Jean-Jacques, puisque là seulement prenait fin la souveraineté des évêques ; mais un obstacle aussi frêle qu'imprévu l'arrêta dans sa course pendant près de six années. La

[1] Seule ville importante de la principauté, avec Porrentruy, la capitale.

ville et république de Bienne, l'Erguel ou Val de Saint-Imier, l'abbaye de Bellelay et sa *courtine*, la prévôté de Moutiers Grand-Val ou Münsterthal, enfin, étaient liés aux cantons de Berne et de Soleure par de précieux traités de combourgeoisie, qui, après avoir sauvegardé à travers les siècles leurs libertés locales contre leur suzerain, allaient, à cette heure suprême, devenir le gage de leur indépendance vis-à-vis de l'étranger. Tandis que ses liens avec l'Autriche favorisaient l'annexion de la *partie impériale* de la principauté, la *partie helvétique* de celle-ci puisait dans ses attaches avec la Suisse la force de résister au Minotaure. Les cantons protecteurs, en effet, craignant non sans raisons pour eux-mêmes, s'empressèrent de réclamer pour leurs combourgeois le bénéfice de la neutralité, et firent de l'intégrité de ces avant-postes jurassiens *une question de paix ou de guerre.*

Les événements du 10 août, en refroidissant les relations franco-helvétiques au point d'amener une rupture avec l'ambassadeur, aiguisèrent encore cette susceptibilité intéressée : la *question de l'évêché* servit de cheval de bataille aux *Magnifiques Seigneurs*. La France, de son côté, soucieuse de conserver la paix avec un État central qui la protégeait comme un bouclier, sacrifia le prosélytisme à la diplomatie, et s'efforça de calmer des appréhensions qu'elle redoutait d'exaspérer. Mais ses propres principes se retournèrent alors contre elle-même, et envenimèrent de la façon la plus inopportune un *casus belli* qu'il n'était pas temps encore de braver.

Cette contradiction, exigée par les circonstances, entre les doctrines et les actes d'un gouvernement si habitué à sacrifier les faits aux principes, fera le principal intérêt de cette étude.

I.

Le Directoire de Zürich ouvrit les *hostilités* le 27 septembre 1792, en *enjoignant* au général Montesquiou, commandant en Alsace, d'avoir à respecter « des territoires qui tenaient par des liens plus ou moins étroits à quelques-uns des États suisses. » Le mot d'*hostilités* est exact, puisqu'une pareille sommation, qui aurait dû s'adresser au moins à l'ambassadeur Barthélemy ou au ministère, rompait avec tous les usages internationaux. La note se terminait ainsi : « Nous avons fait d'une manière pressante les réquisitions nécessaires pour que les troupes placées dans le Porrentruy s'en retirent... Nous attendons de vous, monsieur le général, que celles qui sont sous votre commandement n'entreront, ne prendront poste, ne parcourront ou passeront en aucune manière *sur notre territoire helvétique* [1]. »

Les cantons ne pouvaient évidemment exiger de la France qu'elle évacuât les gorges de Porrentruy, car elle se fût ainsi exposée à une invasion autrichienne. Le ministre Chambonas était allé jusqu'à dire que ce point « était le plus essentiel à conserver dans les circonstances présentes [2]. » Elle pouvait seulement renoncer à porter ses armes dans la *partie helvétique* de l'évêché. Barthélemy indiqua d'ailleurs nettement la situation au ministre Le Brun : « Si l'empire germanique, comme il n'y a pas à en douter, prend part à la guerre contre nous, l'évêché de Bâle va se trouver à notre égard dans une situation nouvelle qui nous donnera *encore plus de titres* pour nous y maintenir. Mais elle ne doit jamais nous faire oublier que cette occupation sera toujours un objet de la plus grande jalousie pour les cantons, et que nous ne saurions apporter trop de soins pour que nos troupes ne confondent jamais le territoire de l'évêché avec *celui du Corps helvétique* [3]. » Une dépêche subséquente de l'ambassadeur dévoile mieux encore sa pensée : « J'ai envoyé au Directoire de Zürich une copie du décret de la Convention nationale, relatif à la demande de l'évacuation de l'évêché.. . Cet acte empêchera apparemment (les cantons) de nous parler plus longtemps de cette évacuation que la politique nous défend. Ils devront plutôt nous savoir gré... de ne pas occuper *toute*

[1] *Papiers de Barthélemy*, édition Kaulek, I, p. 319. Nous avons renvoyé à la source originale (ministère des affaires étrangères) pour les pièces qui ne sont pas reproduites dans le recueil incomplet de Kaulek. Nous avons mis aussi à profit le fonds Basle, 3 vol. in-fol. (aux archives du même ministère).

Le 13 juin 1792, Barthélemy écrivait déjà à Dumouriez : « La principale inquiétude (des cantons) comme leur premier vœu est dirigé vers les moyens d'obtenir de nous que l'évêché de Bâle soit compris dans la neutralité.... Il sera difficile d'abandonner ces pays dont l'occupation intéresse autant notre sûreté. » Kaulek, I, 179. Cf. aussi ibid , 176, 209, 297, 298, 302, 317.

[2] Kaulek, I, 200, 4 juillet 1792 (Chambonas à Barthélemy).

[3] Kaulek, I, 320, 4 oct. 1792.

l'étendue de l'évêché [1]. » La Convention avait, en effet, admis les cantons à faire valoir leurs droits de combourgeoisie.

Leurs vues, du reste, n'étaient pas absolument désintéressées. Ils s'indignaient à la pensée que la France pût s'agrandir à leurs dépens ; mais ils ne se seraient fait aucun scrupule de mettre à profit la détresse du prince-évêque pour s'arrondir de quelque lambeau de territoire. C'est ainsi que Berne dissimulait la convoitise qu'excitait dans ses Conseils la possession de l'Erguel ou Val de Saint-Imier : jugeant combien cette sentinelle avancée au sommet des premières chaines du Jura lui serait avantageuse, son Sénat usait envers les deux frères ennemis du lieu, Bienne et l'Erguel, de l'astucieuse politique romaine : *divide ut imperes.* Barthélemy, dont l'ambassade était un admirable centre d'informations, ne s'y trompait point : « Il n'y aurait peut-être que l'intention de Berne d'acquérir l'Erguel, écrivait-il à Le Brun, le 15 décembre 1792, qui pourrait faire naitre des embarras vers cette frontière de la Suisse ; mais je suis persuadé que Berne reconnaitra facilement que cette extension de territoire lui attirerait des désagréments de plus d'un genre [2]. »

Le premier de ces désagréments, sinon le seul, était de jeter la perturbation dans les calculs du Corps helvétique : s'élevant contre les empiétements du prosélytisme révolutionnaire, la Suisse ne pouvait raisonnablement lui faire concurrence, et devait rester pure de toute compromission, sous peine de fournir des armes à l'adversaire. Le Directoire de Zürich feignit donc d'ignorer ces visées indiscrètes de Berne, et soumit aux états un projet de note à remettre à Barthélemy, relatif au Münsterthal et à l'Erguel ; il exprimait le ferme espoir que la France ne laisserait pas rompre les liens qui unissaient ces territoires à la Suisse [3].

Barthélemy était résolu d'avance à ménager, par tous les moyens compatibles avec l'honneur national et les intérêts essentiels de son pays, les susceptibilités du Corps helvétique. Or,

[1] Ibid., 377, 28 oct. 1792.

[2] Kaulek, I, 458. Barthélemy, qui nourrit pour la petite république de Bienne, pendant toute la Révolution, une véritable tendresse, ajoutait que « la situation et les intérêts politiques de l'Erguel l'appelaient à être réuni à la ville de Bienne. »

[3] Kaulek, I, 485, 16 déc. 1792.

elles étaient audacieusement provoquées par les brutalités et les intempérances de langage de deux personnages qui représentaient alors la France dans le Porrentruy, devenu la *République Rauracienne* [1]. Le général jacobin Demars, commandant les troupes d'occupation, déclarait bien haut que « les *prétentions* des magnifiques seigneurs » étaient insoutenables, et qu'il ne souffrirait point qu'on enlevât à l'émancipation régénératrice une partie de la principauté ; Gobel, évêque *in partibus* de Lydda, ancien suffragant du prince-évêque, actuellement évêque constitutionnel de Paris et commissaire du Conseil exécutif aux frontières de l'est, prêtait à ce forcené le prestige et l'autorité du caractère dont il était revêtu [2].

Barthélemy, furieux d'excès de pouvoir qui dérangeaient tous ses plans, n'eut pas de peine à faire partager son indignation au Conseil exécutif, et à obtenir de lui un solennel désaveu : « Vous ne perdrez de vue, écrivait Le Brun à Gobel, le 29 décembre, que votre mission, comme celle du général, se restreint dans l'étendue de la seule partie de l'évêché de Bâle qui relève de l'Empire, que vous devez vous garder de provoquer l'insurrection dans le pays où le général n'est pas autorisé à porter les armes de la République [3]. »

Les instructions du ministre des affaires étrangères au général Biron, chef de l'armée du Rhin, n'étaient pas moins explicites à l'égard de Demars : « Je vous invite particulièrement à lui recommander d'éviter le ton de la hauteur et de l'humeur dans sa correspondance avec les cantons voisins, de ne pas répondre par des procédés inconvenants au désir que nous témoigne cette puissance (le C. H.) de conserver et de cultiver l'amitié de la République française. Il faut éviter toute immixtion dans les parties suisses de l'évêché [4]. »

[1] Nous préparons un ouvrage sur cette république et le département du Mont-Terrible, qui lui a succédé. Nous nous permettrons de renvoyer dès maintenant le lecteur à nos études déjà parues : *La république jurassienne de Moutiers-Grandval et la Révolution française*, Besançon, Jacquin, 1903 ; *la république de Bienne et la Révolution française*, Berne, K. J. Wysz, 1903 ; *Bellelay de 1792 à 1798, étude d'histoire diplom. révolut.*, Fribourg, impr. Saint-Paul, 1904.

[2] Sur Gobel, voir notre article paru dans la revue *La Révolution française*, 14 avril 1904.

[3] Ibid., III, 29 janvier 1793.

[4] Min. des aff. étr., Basle, II, 342, janvier 1793. Nous ne citons qu'un pas-

Gobel et Demars étaient rappelés du reste peu après. Cette déférence, à coup sûr inattendue, offrait un inconvénient pour la Suisse : celui de la priver d'un sujet plausible de récriminations, et de lui interdire toute offensive diplomatique. Elle dut en effet promettre, de son côté, que « les moyens qu'elle emploierait pour maintenir en Erguel et dans le Münsterthal le repos, l'ordre et la sûreté, ne tendraient purement et simplement qu'au maintien de ses droits, » et nullement « à se mêler à ceux d'un tiers [1]. »

La France fut à l'aise, par contre, pour traiter avec elle : Le Brun exigea même comme prix de sa modération la reconnaissance de ce titre d'ambassadeur de la République française auquel le Conseil exécutif tenait tant, et dont Barthélemy fut seul revêtu en Europe. Il lui écrivit le 23 janvier : « Je joins ici la note en réponse à celle qui vous a été transmise par M. Kilchsperger au sujet de l'Erguel et du Münsterthal [2]... Il est bien entendu que vous ne l'adresserez au corps helvétique qu'après vous être préalablement assuré qu'on vous répondra directement et en vous qualifiant du titre d'ambassadeur de la République française.... Pour mieux faire connaître quels sont ses principes et les ménagements dont elle use à l'égard de la Suisse, vous pourrez citer l'arrêté du Conseil exécutif du 30 octobre dernier et la lettre écrite au citoyen Gobel [3]. »

Le Corps helvétique, instruit de ces dispositions, se hâta de témoigner à Barthélemy son entière satisfaction, s'estimant trop heureux, en définitive, de voir le Minotaure révolutionnaire le traiter avec tant de mansuétude, et d'échapper au sort de la Belgique ou des provinces rhénanes. Une circulaire aux cantons, du 4 février, déclara en substance, qu'une conduite qui « les maintenait dans leurs relations et constitutions, étendant la reconnaissance de la neutralité à des districts si importants, était de nature à tranquilliser entièrement la Suisse. » Une lettre

sage de cette lettre, qui est une des applications les plus sincères des principes généraux de la propagande conventionnelle. Nous nous réservons d'exposer autre part ces négociations avec plus de développements.

[1] Kaulek, II, 16, 8 janv. 1793.

[2] Dans cette note, le conseil exécutif annonçait qu'il avait prévenu le désir du Corps helvétique en rappelant le général Demars (Kaulek, II, 37). Kilchsperger était le trésorier de Berne.

[3] Kaulek, II, 37.

de remerciements serait adressée au « très Illustre Seigneur M. Barthélemy » dans les formes demandées par Le Brun [1].

La cause de la neutralité était donc gagnée. Il s'agissait maintenant de défendre les positions acquises.

II.

Les assaillants ne manquèrent pas.

Ce fut d'abord, chose bizarre, le prince exilé lui-même. Désespérant de recouvrer jamais ses États, il espéra troquer ses droits déchus contre une solide indemnité. Le 10 février, il fit donc remettre au baron de Buol, représentant alors l'Empereur auprès des cantons, un projet de marchandages qui méconnaissait totalement les vues du gouvernement français. L'évêché serait incorporé à l'Helvétie, laquelle céderait en retour à Sa Majesté Impériale ses quatre bailliages italiens, et servirait une pension viagère au prince et à son chapitre ; elle achèterait même le Fricktal pour la somme de trois millions, comme il en avait été question quelques années auparavant [2].

Mais il ne s'agissait là que des vains calculs d'un prince aux abois. Les attaques qui venaient du pays occupé étaient autrement sérieuses. La Convention avait envoyé dans le Porrentruy trois commissaires, Laurent de Strasbourg, Monnot de Besançon et Ritter d'Huningue, pour mettre fin aux querelles des factions qui déchiraient la jeune République Rauracienne ; le Conseil exécutif s'était fait aussi représenter par Clerget [3]. Officiellement, leur mission devait se borner à dégager et à satisfaire le vœu du peuple, à assurer « le succès de la Révolution ; » officieusement, elle n'avait d'autre but que la réunion à la France.

[1] Ibid., 73 et 75. Le Directoire de Zürich ajoutait : « De la part de l'Erguel et du Münsterthal, nous observerons envers la République française tout ce qu'exige la neutralité. »

[2] Arch. de l'anc. évêché de Bâle, corresp. diplom., II. 10 févr. 1793. (Ces archives fort importantes se trouvent aujourd'hui à Berne, dans la Tour des prisons.)

[3] Aulard, *Actes du Comité de salut public*, t. II, p. 93. *Moniteur*, n° 43, 12 fév. Arch. nat., F^7 4400, 10 fév.

S'ils s'étaient bornés à entendre, par là, la réunion des bailliages de Porrentruy, Saint-Ursanne, Saignelégier, Delémont et Laufon que nos troupes occupaient depuis avril 1792, ils n'auraient soulevé sans doute aucune réclamation, à peine celle du peuple violenté, car c'était là une chose fatale et, en fait, déjà réalisée. Mais peu versés dans les distinctions diplomatiques, ne comprenant rien, dans leur cervelle de jacobins centralisateurs, à la complexité ethnographique et géographique de cette principauté, ou plutôt plaçant délibérément au-dessus de scrupules sans doute peu sincères les intérêts qu'ils croyaient servir, ils retombèrent dans les errements de Gobel et de Demars. La prévôté de Moutiers-Grand-Val, surtout, dont le territoire festonnait si capricieusement des frontières qu'ils considéraient déjà comme celles de la République, les irritait par sa résistance absolue à leur apostolat. Impuissants à vaincre le droit par le fait, ils cherchaient maintenant à vaincre le fait par le droit : ainsi Clerget écrivait avec candeur au ministre des affaires étrangères, à propos de la réunion du Münsterthal : « Je m'occupe de recueillir toutes les preuves pour constater la légitimité de nos réclamations sur ce point, afin de mettre le Conseil exécutif à portée de donner une décision qui mette en notre pouvoir le défilé le plus important (Pierre-Perthuis).... Les députés de la Convention se disposent à envoyer de leur côté au comité diplomatique les renseignements nécessaires pour *hâter et éclairer* la décision du Conseil exécutif [1]. »

Clerget disait vrai : le zèle des trois conventionnels n'était pas moins enflammé. Annonçant au Comité de défense générale que les *deux tiers* du pays avaient déjà voté la réunion, ce que nous démontrerons autre part être manifestement faux, ils ajoutaient que les prévôtois ne sauraient tarder à être réunis à leurs frères, puisque « le conseil exécutif avait été induit en erreur, lorsqu'on lui avait fait consentir que le Moutiers-Grand-Val fût compris dans la neutralité helvétique ; les habitants de Porrentruy ne consentiraient jamais que cette vallée se détachât du reste du pays [2]. » Ces illusions étaient peut-être sincères. Les commissaires prévinrent en tout cas l'assentiment de leur gouver-

[1] Min. des aff. étr., Basle, III, 61.
[2] Aulard, *op. cit.*, II, 346, 11 mars 1793.

nement, en faisant publier leur proclamation en territoire neutre par des officiers français.

Aussi bien, ne s'étaient-ils pas totalement trompés dans leurs présomptions. Le pacte de janvier commençait à être battu en brèche, même à Paris. L'importance des territoires abandonnés semblait grandir avec les regrets, et nous finissions par trouver que notre désintéressement avait été excessif : « Pierre-Pertuis est une clef qu'il faut nécessairement assurer, écrivait, le 15 mars, le ministre des affaires étrangères.... Je le soumettrai au conseil [1]. » Le Conseil exécutif fut de son avis : après avoir entendu son rapport, il arrêta que « le ministre de la République auprès des Cantons serait chargé de leur proposer à nouveau cette question, à l'effet.... de déterminer l'objet en litige. En attendant, il ne serait fait des deux côtés aucun mouvement pour occuper les positions dont il s'agit [2]. »

Malgré ce dernier tempérament, pareille décision remettait tout en question. Barthélemy en fut d'autant plus ému, que le Corps helvétique s'était déjà élevé avec vigueur contre l'audace des commissaires. Dès le 9 mars, Berne s'était plaint amèrement de la proclamation qu'ils s'étaient permis de publier sur le territoire de ses combourgeois, « malgré le vote du pouvoir exécutif de France que Son Altesse avait fait parvenir à Zürich au sujet de la prévôté et de l'Erguel.... On ne savait sur quoi fonder ses espérances de paix. On avait donné avis de tout cela à Zürich, qui ne manquerait pas de faire des représentations [3]. »

Ces représentations se produisirent le 19 mars : le Directoire helvétique rappelait la note du 31 janvier, par laquelle le ministère blâmait les agissements des commissaires et priait Barthélemy d'interposer de suite « ses bons offices » pour la faire respecter [4].

Notre ambassadeur soutint aussi chaudement la cause des Cantons qu'ils l'auraient fait eux-mêmes. Dès le lendemain, 20 mars, il envoyait à Le Brun un très long rapport dont on pourra juger

[1] Lettre à Reubell, commissaire de la Convention à Mayence, min. des aff. étr., Basle, III, 66.

[2] Extrait du reg. des délib. du cons. exec., 19 mars 1793, min. des aff. étr., Basle, III, 73. Arch. nat., AF. III, 83.

[3] Frisching, trésorier de Berne, à Barthélemy, Kaulek, II, 128.

[4] Arch. nat., F⁷ 4400.

par ces phrases : « La Convention nationale va avoir à se prononcer sur un bien grand intérêt. *Il ne s'agit (de) rien moins que de savoir si nous aurons la guerre avec les Cantons*.... L'honneur national serait compromis par le contraste de nos procédés dans la prévôté de Moutiers-Grand-Val, et de la teneur de notre note de la fin de janvier, que j'ai adressée solennellement au Corps helvétique [1]. »

Il insistait davantage encore sur ce *casus belli* dans une de ses dépêches ultérieures : « Si nous suivons le plan (de réunir tout l'évêché), notre résolution *est prise* d'amener une rupture.... Notre véritable sûreté consiste dans l'occupation des gorges de Porrentruy.... Les habitants de Moutiers-Grand-Val, de l'Erguel et de Valengin ne demandent qu'à conserver leur existence actuelle.... Je dis que quand même ils voudraient s'y réunir, *nous devrions presque repousser leur vœu*, puisque nous voulons vivre en paix avec les Suisses. Je sais très bien, citoyen ministre, qu'en continuant de m'exprimer sur ce point comme je l'ai toujours fait, je puis très bien avoir été l'objet d'une opinion énoncée à la tribune de la Convention nationale du 10 mars, par laquelle on se plaint qu'il a existé parmi les agents français auprès des puissances étrangères une opposition constante à la réunion des peuples à notre République. Je ne me permets aucun acte qui tende à contrarier celle dont il peut être question en ce moment, mais.... je dis, dans la conviction de mon devoir, que *cette réunion serait impolitique, dangereuse et funeste* ; que si mon langage déplait, il est facile.... d'envoyer ici un autre agent qui sûrement fera mieux que moi [2]. »

Nous avons cité ce passage tout au long, d'abord parce qu'il dépeint au vif les sentiments de Barthélemy ; puis, parce qu'il prouve l'importance des négociations que nous exposons. Les documents sont là, d'ailleurs, pour démontrer qu'il y avait vraiment lieu de poser la question de confiance. Le 1er avril, un magistrat de Zürich poussait ce cri d'alarme, à propos des visées des commissaires sur le Münsterthal : « Ce sont de bien grandes pierres d'achoppement qui ne peuvent que contrarier de la manière la plus fatale les bonnes intentions que nous

[1] Rapport de 14 pages in-fol. Arch. nat., F7 4400, 20 mars 1793.
[2] Barthélemy à Le Brun, Kaulek. II, 160, 27 mars 1793.

avions. Dieu veuille qu'elles ne les anéantissent pas entièrement[1] ! » Le lendemain c'était au tour de Berne à se lamenter : « Les vexations en détail vont venir. Je souhaite qu'on n'ait pas lieu de s'en repentir : le Suisse n'est pas aussi patient que le Savoyard... les Français feront bien de rentrer dans les limites de leur République[2]. »

Le Brun eut la sagesse de céder aux exigences de la situation. Le 24 mars, c'est-à-dire cinq jours seulement après son belliqueux rapport au Conseil exécutif, il en envoya un nouveau au Comité diplomatique qui soutenait des idées diamétralement opposées : il y démontrait en effet la nécessité de mettre un terme aux « violences » et aux « provocations » qui menaçaient la neutralité de l'Erguel et du Münsterthal ; porter atteinte à cette neutralité serait amener la guerre non seulement avec la Suisse, mais encore avec l'Empereur qui l'avait reconnue et qui ne manquerait de pénétrer sur le territoire helvétique pour la faire respecter ; elle était garantie, enfin, par « une promesse devenue pour nous d'autant plus sacrée qu'elle avait été *le gage d'une réconciliation et de la reconnaissance de la République française*[3]. »

Quelles raisons plus fortes le ministre aurait-il pu invoquer ? On fut bien forcé de s'y rendre, et d'envoyer à Barthélemy les assurances pacifiques qu'il réclamait. Il put ainsi jurer à Zürich et à Berne que la République était respectueuse de leur neutralité ; et il leur demanda seulement pour la forme des actes authentiques de combourgeoisie, qui, « communiqués par leur confiance, deviendraient entre les mains de Le Brun le gage de celle qui doit toujours régner entre les deux nations[4]. »

La contestation s'éteignait donc, ou plutôt elle aurait dû s'éteindre, car le *département du Mont-Terrible*, formé de la partie impériale de la principauté, allait se charger de soutenir

[1] Lettre à Barthélemy, papiers de Barth. (min. des aff. étr.), vol. 430, fol. 119, 1er avril 1793.

[2] Lettre d'un magistrat de Berne à Barthélemy, ibid., vol. 430, fol. 121, 2 avril 1793.

[3] Lettre de Le Brun au comité diplom. et de déf. génér., et mémoire intitulé : « Observations sur l'Erguel et le Münsterthal. » Papiers de Barthélemy, vol. 435, fol. 9-13.

[4] Lettre à MM. de Zürich et de Berne, ibid., vol. 435, fol. 18 de Barthélemy, 3 avril 1793.

les droits du principe de l'émancipation universelle. Nous allons avoir ainsi le curieux spectacle d'un département révolutionnaire en rébellion contre la politique trop modérée du gouvernement jacobin.

III.

Le département du Mont-Terrible, qui était le plus petit de la République, fut hanté, de sa naissance à sa mort, par la pensée de s'agrandir. Ses vues se portaient sur les territoires qu'une union de tant de siècles semblait lui destiner, et qui paraissaient être vraiment devenus, depuis la Révolution, une sorte de *terrain vague* entre la France et la Suisse.

L'Erguel et le Münsterthal n'appartenaient plus en effet à personne, puisque le prince-évêque, qui restait en droit leur souverain, aucune déchéance formelle ne l'ayant frappé, n'avait plus d'autre pouvoir que celui d'encombrer les chancelleries de vaines réclamations. De fait, le Münsterthal s'était constitué en une sorte de république populaire et l'Erguel était tombé en une anarchie communale, que sauvegardait seule la neutralisation des intérêts franco-helvétiques [1]. Quant à la ville de Bienne, elle pouvait jouer à cœur joie à la République ; on la laissait faire d'un commun accord. Barthélemy avait pour elle de paternelles bontés, et une ambassade extraordinaire de son *Louable Magistrat* fut même reçue en audience solennelle par le Directoire exécutif. Le moment n'était pas encore venu de faire valoir le droit du plus fort.

A ces territoires les autorités du Mont-Terrible voulaient ajouter un supplément qui leur semblait tout naturel : le Neuchâtel et le Valengin. Il est vrai qu'ils avaient ici à compter avec un souverain qui ne ressemblait en rien au prince-fantôme de Bâle, le roi de Prusse en personne.

Ces convoitises furent entretenues dès le début par les commissaires de la Convention : « J'ai vu hier les citoyens Ritter et Laurent, écrivait Barthélemy à Le Brun, le 7 mai 1793.... Ils

[1] Nous ferons paraître prochainement dans une revue historique suisse une étude sur l'histoire de la Révolution dans le val de Saint-Imier. — (La matière traitée étant absolument neuve, le lecteur voudra bien nous pardonner de le renvoyer ainsi à des travaux personnels.)

m'ont dit une foule de raisons physiques et politiques par lesquelles il leur paraît *impossible* que le Münsterthal ne soit pas réuni.... Le citoyen Ritter a tenu les passages du Münsterthal extrêmement importants pour notre sûreté, dans le cas où nous aurions la guerre avec la Suisse. » Et plus loin : « Le citoyen Laurent tient *invinciblement* au système de composer le département du Mont-Terrible, du Münsterthal, de l'Erguel, de Bienne, de Neuchâtel et d'une partie du pays de Vaud [1], de manière, dit-il, que nous ne serions plus qu'à six lieues de Berne. Le canton de Berne et toute la Suisse seraient *bridés*.... L'aristocratie suisse serait renversée à jamais [2]. »

Nous ne savons si de secrètes instructions autorisaient les commissaires à ce prosélytisme acharné; ils furent, en tous cas, désavoués hautement par l'ambassade et le ministère. Dès le 18 avril, Le Brun écrivait dans ce but au Comité de salut public : « Les Suisses veulent rester neutres, disait-il. Les forcer à quitter ce rôle, c'est vouloir les perdre, augmenter nos embarras et servir les intérêts de la Maison d'Autriche. On ne paraît pas assez convaincu de cette vérité dans le département du Mont-Terrible [3]. »

Barthélemy ne jugeait pas avec moins de gravité la politique agressive de ce département qui « paraissait vouloir provoquer les plus grandes défiances entre les deux nations. »

Il défendait d'abord, avec une chaleur étonnante mais fort honorable pour lui, puisqu'elle était en rapport avec la faiblesse des pauvres moines auxquels elle s'appliquait, les intérêts de l'abbaye de Bellelay et de sa courtine. Ce domaine abbatial, de deux lieues carrées, situé au cœur de l'ancienne principauté, entre le district de Delémont, le Münsterthal et l'Erguel, avait

[1] Il s'agit du Valengin.

[2] Kaulek, II, 241. Les représentants s'étant plaints que les habitants de Münsterthal fussent « excités par le canton de Berne et par les moines de l'abbaye de Bellelay, » Barthélemy faisait montre d'anticléricalisme par cette phrase : « Les fureurs de cette classe d'hommes (les moines) sont les mêmes dans tous les pays. » Il trouvait, en outre, que les gouvernements suisses montraient « une douceur vraiment paternelle en faveur du bonheur et de la tranquillité des habitants des campagnes, » et qu'on pouvait s'en rapporter « à l'esprit qui régnait dans les villes du soin de faire triompher les principes solides de légalité. » Cela ressemble tout à fait à de la pure phraséologie.

[3] Papiers de Barth., vol 131, fol. 236. Le Brun écrivit aussi à Custine de chercher à se concerter avec Bâle (Kaulek, II, 190).

été compris dans la neutralité helvétique; Soleure, dont il était combourgeois, entretenait un *piquet de sauvegarde* [1].

Notre ambassadeur s'indigna qu'on pût attaquer cette neutralité. Berne, Soleure et *Bienne*, faisait-il remarquer, se fiant à l'arrêté du Comité de salut public, avaient félicité l'abbé de sa neutralité; il avait invité lui-même les trois députés de la courtine, qui avaient porté dans ces trois villes les remerciements de leurs communautés et qui étaient venus à Baden lui présenter la lettre de l'abbé, « à la confiance dans la justice de la nation française; » les mesures contradictoires du Mont-Terrible « ne pouvaient donc devenir qu'infiniment graves; » on ne devait point surtout chercher à priver l'abbaye de sa courtine; celle-ci était nécessaire à celle-là pour « se soutenir; » « la raison, la justice, l'humanité et la politique » commandaient de les respecter!

Et ce n'était pas tout! Barthélemy voyait encore dans les machinations du département contre l'abbaye « un plan très dangereux que des intrigants au gage de l'Autriche avaient formé depuis longtemps; » le procès-verbal des délibérations de son Directoire « n'était autre chose qu'un véritable manifeste contre Berne, et par suite contre la Suisse, puisqu'il donnait l'alarme à tous les départements frontières ... Si le Comité de salut public et le Conseil exécutif ne prenaient pas des mesures promptes pour arrêter ce Directoire, il était facile de prévoir que tous les soins qu'ils avaient employés pour conserver la bonne intelligence avec la Suisse seraient bientôt perdus. Toute cette affaire de la courtine de Bellelay n'aurait pas dû être traitée avec tant d'éclat, à la veille surtout d'une diète helvétique, » à laquelle il aurait été bien plus sage d'en référer [2].

Des raisons analogues étaient invoquées en faveur de la neutralité du Münsterthal et de l'Erguel. L'ambassadeur en apportait cependant une nouvelle qui, celle-ci, était manifestement imaginée pour les besoins de la cause: l'occupation des défilés de la prévôté ne pourrait que nous nuire, prétendait-il, car « elle faciliterait bien plus qu'elle ne l'empêcherait » une invasion autri-

[1] Cette admission à la neutralité était d'autant plus remarquable que l'abbé lui-même avait présidé les États généraux de la partie impériale de la principauté en mai 1791, liant ainsi son sort à celui de Porrentruy.

[2] Barthélemy à Le Brun, min. des aff. étr., Basle, III, 128, 1er juin 1793.

chienne. Il était plus sincère en appuyant sur ce point qu' « elle deviendrait très délicate par rapport aux Suisses, » vu que « nos ennemis étaient fort occupés de rendre orageuse » la diète du 1er juillet [1].

La crainte d'une guerre avec les cantons, voilà bien le frein unique et salutaire qui arrêtait notre gouvernement dans la voie où les *enfants terribles* de ce département bien nommé voulaient l'entraîner ; il donnait trop d'exemples, du midi au nord de la France, en passant par la Savoie et les provinces rhénanes, d'une politique moins scrupuleuse, pour qu'on en pût douter. Il n'y a là, du reste, que l'application la plus normale de la grande loi des relations internationales. Le ministre des affaires étrangères, exprimant au ministre de la guerre l'espoir que le successeur du général Vieusseux à la tête des troupes du Mont-Terrible saurait déjouer les intrigues des « malveillants d'accord avec nos ennemis, » faisait vainement du sentiment : « le scandale de deux peuples libres aux prises l'un avec l'autre [2], » dont il parlait, n'aurait effarouché personne en dehors des victimes, s'il n'avait pas été « *si utile* d'entretenir l'harmonie avec la Suisse [3]. »

Afin de refroidir enfin un zèle plus importun encore pour le gouvernement français que pour les cantons, Bacher fut chargé d'aller à Porrentruy « éclairer » les représentants de la France. Ce choix seul était significatif : bien qu'il fût beaucoup moins modéré que son chef, le premier secrétaire d'ambassade avait, en effet, réprouvé énergiquement l'ardeur intempestive de Laurent et Ritter. Contentons-nous de citer ces lignes qu'il adressait à Hérault de Séchelles le 6 frimaire an II (26 novembre 1793) : « Tous mes soins seront perdus tant qu'il y aura des commissaires du département du Mont-Terrible qui prendront à tâche d'irriter les Suisses par des vexations et des tracasseries de tous les genres ; qui croient avoir une vocation à aliéner les esprits et à provoquer une rupture en ne tenant

[1] Le même au même, Kaulek, III, 325 et 310, 22 et 26 juin. Barthélemy s'élevait contre un mémoire de Gobel, directement opposé à sa politique.
[2] Papiers de Barth., vol 138, fol. 104, 9 sept. 1793.
[3] Colchen, chef du bureau des affaires helvétiques au ministère des aff. étrang., à Barthélemy, à propos des nouvelles violations de territoire à Bellelay et dans le Münsterthal, ibid., vol. 139, fol. 88, 14 oct. 1793.

aucun compte ni des arrêtés du Comité de salut public ni des décrets de la Convention nationale ; ils se plaisent à dire qu'il faut.... arrondir leur département aux dépens de la Suisse : faites donc, citoyen représentant, qu'on prescrive une conduite différente à ces commissaires [1]. »

Bacher put s'apercevoir qu'il existait toujours, dans le département, « des personnes qui, au risque de compromettre la neutralité....., ne voudraient pas *démordre* de leur projet de réunion. » Mais, ce projet, elles le tenaient désormais « secret, » car « le dernier décret rendu sur le rapport de Robespierre avait fait comprendre que son exécution devenait impraticable dans ce moment. » C'était Clerget lui-même, devenu président du Mont-Terrible, qui dévoilait ces sentiments, tout en désirant « ne pas être nommé pour ne point être dénoncé ni persécuté ! » Citoyen « au patriotisme éclairé, » il priait même Bacher d'instruire Bernard, de Saintes, représentant du peuple à Montbéliard, « des ménagements qu'exigeaient nos relations politiques avec les cantons [2]. »

Bernard manifesta à peu près les mêmes dispositions, c'est-à-dire une modération encore hésitante : « Je me suis ensuite rendu à Montbéliard, rapporta Bacher au ministre....J'y ai trouvé le citoyen Bernard établi au château du ci-devant prince. Il est convenu qu'il avait effectivement donné commission d'envoyer des émissaires à Berne et dans les cantons voisins pour y sonder le terrain et voir l'effet que produirait le projet de réunion de l'Erguel, de la prévôté de Moutiers-Grand-Val et de l'abbaye de Bellelay. Il s'est plaint de ce qu'on avait mal exécuté ses ordres, et choisi à cet effet des gens indiscrets et peu intelligents puisqu'ils ont répandu l'alarme en Suisse. Le citoyen Bernard m'a dit en même temps qu'il renonçait à ce projet depuis le décret du 27 brumaire, et sur l'assurance qu'une invasion de ce genre pourrait compromettre la neutralité, et donner lieu à une rupture avec le Corps helvétique.... J'ai cru entrevoir, citoyen ministre, que plusieurs personnes ont cherché à cir-

[1] Papiers trouvés chez Hérault de Séchelles, Arch. nat., AF. III, 81. Barthélemy avait demandé lui-même l'envoi d'un nouveau représentant dans le Mont-Terrible, pour arrêter ses « empiétements. » Lettre au ministre Deforgues, papiers de Barth., vol. 410, fol. 80, 23 brum. an II (13 nov. 1793).

[2] Bacher à Deforgues, papier de Barth., vol. 410. fol. 213, 20 nov. 1793.

convenir le citoyen Bernard en lui donnant à connaître que la réunion de l'Erguel, de la prévôté de Moutiers-Grand-Val et de Bellelay ne rencontrerait guère plus de difficultés que celle du pays de Montbéliard. Je compte l'aller voir de nouveau dans une huitaine de jours pour le mettre plus au courant de la situation politique de la Suisse, et en garde contre les insinuations de gens qui ne se conduisent que par passion ou ressentiment, et qui ne comptent le salut de la République pour rien, lorsqu'il s'agit de leurs intérêts particuliers [1]. »

Nous pourrions multiplier ces témoignages de réprobation contre les annexionistes du Mont-Terrible, car les représentants du gouvernement français aux frontières helvétiques sont unanimes [2]. Bornons-nous à citer encore quelques phrases du rapport qu'envoyait, le 24 décembre, au ministre Deforgues le citoyen Payan, envoyé par lui auprès de Barthélemy pour faire connaître à ce dernier « le thermomètre de l'esprit public en France ; » elles sont particulièrement intéressantes, car elles manifestent une irritation qui va jusqu'à accuser d'intelligence avec l'ennemi les partisans de la *plus grande France :* « Il faut chasser du Mont-Terrible un certain Rengguer, procureur général du département, neveu de Gobel.... odieux aux Suisses parce qu'il les insulte et les tracasse sans cesse, même depuis le rapport de Robespierre : on le croit *agent des Autrichiens ;* il est le plus grand partisan des réunions. Nos ennemis sentent bien qu'on ne décidera jamais le Corps helvétique à la guerre contre nous ; aussi *paient-ils* sur les frontières des hommes turbulents qui excitent des divisions, des hostilités qui puissent amener la guerre.... Il existe réellement un complot à nous brouiller avec la Suisse : Vieusseux à Huningue, Soulavie à Genève, Rengguer à Porrentruy, Gobel à Paris [3]. »

Notre gouvernement reconnut la sagesse de ces avertissements ; le Comité de salut public parut même composé d'Excellences au tempérament le plus modéré et le plus pacifique. Les

[1] Bacher à Deforgues, Kaulek, III, 274, 9 déc. 1793.

[2] Dans la lettre que nous venons de citer par exemple, Bacher dit que Naudet, commissaire du Comité de salut public à Porrentruy, est « très disposé à le seconder. »

[3] Kaulek, III, 299. Ce complot n'existait que dans l'imagination de Payan ; pour ce qui concerne Rengguer et Gobel, nous n'avons trouvé aucun document qui témoigne de leur entente avec les Autrichiens.

commissaires aux armées du Rhin reçurent l'ordre de « sévir avec sévérité » contre ce département qui s'obstinait à rester « le centre des agitations, de l'intrigue et de la malveillance ; » la Convention, affirma le célèbre Comité, ne consentirait jamais à sanctionner des projets qui menaçaient la neutralité des cantons, en violant des territoires qui leur étaient *combourgeois ;* les troupes stationnées sur les frontières devaient observer « la plus exacte discipline [1]. » Le ministre des affaires étrangères reconnut enfin le droit absolu de la partie helvétique de l'ancien évêché de Bâle à « participer aux avantages dont jouissaient les Suisses en général [2]. »

Avec l'année 1793 se terminait donc, du moins en principe, cette grave question de neutralité qui troublait depuis si longtemps nos relations avec le Corps helvétique. Nos assurances étaient si fermes, que le ministre Le Brun écrivait trois mois après un long rapport pour prouver que l'Erguel et le Münsterthal se trouvaient « alliés d'une manière plus intime au corps helvétique qu'ils ne l'avaient jamais été au prince-évêque de Bâle [3]. »

En fait, cependant, la politique provocante du Mont-Terrible ne désarma point : nous avons dit qu'elle se perpétua jusqu'à la déchéance de ce département [4]. Ainsi, dix jours après avoir envoyé à Barthélemy le rapport dont nous venons de parler, Le Brun devait en soumettre un nouveau au Comité diplomatique pour combattre ces tendances *unionistes* au nom des intérêts, des principes, des engagements et de la tranquillité de la République [5]. Quelques mois après, il réclamait encore l'intervention du Comité de salut public contre des « écarts » et des « entreprises » qui livraient à des « inquiétudes sans cesse renais-

[1] Le Comité de salut public aux repr판. du peuple près l'armée du Haut-Rhin, min. des aff. étr., Basle, III, 211, 8 déc. 1793.

[2] Rapport du min. des aff. étr. au min. de l'intérieur, ibid., 230, 29 déc. 1793. Le ministre invoquait les alliances particulières reconnues par les traités ; pour Bienne, il rappelait le traité d'alliance avec la Suisse de 1777.

[3] « Observations sur l'Erguel et le Münsterthal, » signées et envoyées par Le Brun à Barthélemy, Arch. nat., F^7 440, 21 mars 1794.

[4] Il fut réuni à celui du Haut-Rhin, en 1800, et cédé au canton de Berne, lors des traités de Vienne. C'est le *Jura Bernois* actuel, si différent du reste du canton par sa langue, ses mœurs, ses traditions et ses aspirations, plus françaises qu'allemandes.

[5] Rapport du 31 mars 1794, Arch. nat., F^7 4400.

santes » une nation que nous avions tout intérêt à « traiter avec faveur [1]. »

Mais, après tout, qui donc avait raison, qui donc était dans le vrai des traditions révolutionnaires, des diplomates qui arrêtaient l'œuvre d'émancipation afin de ménager les aristocrates cantons, ou des *patriotes* qui voulaient, avec la Convention, *appeler de nouveaux peuples à la liberté?*

L'invasion de 1798 est une réponse péremptoire à cette question.

GUSTAVE GAUTHEROT.

[1] Papiers de Barth., vol. 436. fol. 105, 22 juin 1794.

BESANÇON. — IMPRIMERIE JACQUIN.

www.ingramcontent.com/pod-product-compliance
Lightning Source LLC
LaVergne TN
LVHW052034160826
845678LV00003B/1335

* 9 7 8 2 3 2 9 6 3 0 2 0 5 *